AF227776

NOTICE

SUR

DON PEDRO IER.

NOTICE

SUR

DON PEDRO IER,

EMPEREUR CONSTITUTIONNEL DU BRÉSIL.

Par M. G....... avocat.

PARIS.

IMPRIMERIE LE NORMANT FILS, RUE DE SEINE, N° 8.

1831.

NOTICE

DON PEDRO IER,

EMPEREUR CONSTITUTIONNEL DU BRÉSIL.

Par M. G........ avocat.

PARIS.

IMPRIMERIE LE NORMANT FILS, RUE DE SEINE, N° 8.

1831.

NOTICE

SUR

DON PEDRO IER.

L'EMPEREUR du Brésil, don Pedro Ier, vient de débarquer sur nos côtes, apportant lui-même la nouvelle de la révolution qui l'a privé du trône. La renommée libérale de ce jeune prince justifie l'intérêt qui s'attache à sa fortune, et doit préparer un accueil favorable à cette Notice dont le sujet fait tout le prix.

Pierre-Antoine-Joseph d'Alcantara est né le 13 octobre 1798, de Jean VI, Roi de Portugal, et de Charlotte-Joachine, fille du Roi d'Espagne Charles IV. Il appartient donc à la fois à la maison de Bragance et à celle de Bourbon.

Il n'avait que neuf ans, lorsque pour échapper à un ennemi implacable, son père conçut et exécuta avec bonheur la courageuse résolution d'abandonner, avec sa famille, ses Etats d'Europe et d'émigrer au Brésil. Victime de la guerre acharnée de la France et de l'Angleterre, le Portugal était envahi par une armée franco-espagnole, et déjà *le Moniteur* avait proclamé le terrible arrêt que la maison de Bragance avait cessé de régner. La flotte sur laquelle Jean VI s'embarqua avec sa famille, mit à la voile le 29 novembre 1807, et elle avait à peine quitté l'embouchure du Tage, que l'avant-garde de l'armée française était aux portes de Lisbonne.

Transportée au Brésil, la famille royale sembla s'y fixer sans esprit de retour. Jean VI donna ses soins à l'amélioration de la vaste colonie où il était venu chercher un refuge ; et lorsque les chances de la guerre eurent fait disparaître les causes de son émigration, il ne songea point à revenir en Europe. Ainsi les rôles parurent changés ; le trône du Portugal fut de fait transféré à Rio-Janeiro, et la mère-patrie fut administrée comme une colonie, à quinze cents lieues de la cour de son souverain.

Don Pedro fut donc élevé sur le continent américain , non pas comme dans un lieu d'exil, mais dans une nouvelle patrie, au sein de sa famille et à la cour de son père.

Celui-ci lui donna l'exemple d'une administration sage et paternelle. Il s'appliqua surtout à adoucir le sort des esclaves noirs si nombreux au Brésil ; il protégea l'industrie et les arts, et proclama les principes de la tolérance religieuse. La déclaration remarquable qu'il adressa à la cour de Rome, le 1er avril 1815 , au sujet des jésuites, mérite d'être rapportée :

« S. A. R. le prince-régent * ayant pris connaissance de la disposition du très-saint-père Pie VII , publiée dans sa bulle *Sollicitudo omnium*, datée du 7 août de l'année dernière, par laquelle Sa Sainteté a jugé à propos de faire revivre la compagnie de Jésus, qui était éteinte, dérogeant ainsi , autant que cela tenait à l'autorité de l'Église , à l'autre bulle *Dominus ac Redemptor noster* du très-saint-père Clément XIV, de glorieuse mémoire ; Son Altesse a été surprise de cette détermi-

---

* Jean VI n'avait encore que ce titre ; il ne prit celui de Roi , qu'en 1816, après la mort de la Reine, sa mère.

nation de Sa Sainteté, cette cour n'en ayant été prévenue d'aucune manière, quoiqu'elle eût beaucoup plus à se plaindre des offenses de la compagnie de Jésus, contre laquelle on a procédé en Portugal, de la manière la plus énergique, par l'ordonnance d'Alvara, du 3 septembre 1759.

» Les intentions positives de Son Altesse Royale étant de maintenir, dans toute leur rigueur, les dispositions de la susdite ordonnance, quelle que soit d'ailleurs la détermination prise par les autres têtes couronnées, même par celles qui se sont accordées pour son extinction....... enjoint de n'admettre aucune négociation, soit verbale, soit écrite, à ce sujet, etc. »

Don Pedro fut marié, dans le cours de 1817, à l'archiduchesse Léopoldine, fille de l'empereur d'Autriche, et sœur de Marie-Louise. Il devint ainsi l'oncle du duc de Reichstadt, et, plus tard (le 2 août 1829), son union avec une fille du prince Eugène, l'attacha, par de nouveaux liens, à la famille de Napoléon.

Dans un ouvrage remarquable, publié en 1817, M. de Pradt avait prédit la séparation nécessaire du Brésil et du Portugal.

Fixé à Rio-Janeiro, le Roi devait, selon ce publiciste, favoriser par la force des choses l'émancipation américaine, et, s'il retournait à Lisbonne, il devait laisser l'indépendance dans les comptoirs du Brésil.

Les graves événemens qui rendirent, quelques années plus tard, ce retour nécessaire, et qui justifièrent les prévisions de M. de Pradt, amenèrent sur la scène politique l'Infant don Pedro, en lui assignant le rôle le plus remarquable.

Au mois d'août 1820, le Portugal vit éclater et se consommer une rapide révolution, excitée surtout par l'exemple et le voisinage de l'insurrection espagnole. Une junte décréta que la constitution des Cortès d'Espagne serait immédiatement jurée, et que les députés de la nation y feraient les modifications nécessaires, en lui conservant son esprit libéral. L'ouverture de la session des Cortès portugaises constituantes fut fixée au 6 janvier 1821.

Le contre-coup de la révolution ne tarda pas à se faire sentir au Brésil, et l'adoption de la constitution des Cortès de Lisbonne y fut presque unanimement réclamée.

Le 26 février 1821, un décret royal pro-

clama l'adhésion complète et illimitée du Roi
à la constitution, telle qu'elle serait faite par
les Cortès. Le prince don Pedro, au milieu
du tumulte qui précéda l'adoption de cette
mesure, servit de négociateur entre le peuple
et le monarque. Ce fut lui qui, du balcon du
grand théâtre de Rio-Janeiro, proclama et
lut le décret au peuple et aux troupes assem-
blées sur la place; puis il prêta immédiatement serment sur l'Évangile, tant en son nom
qu'en celui de son père.

« Alors le peuple, dans l'enthousiasme, se
» transporta à la maison de campagne de San
» Christovao où se trouvait le Roi, pour le
» ramener en triomphe, ainsi que sa famille,
» à son palais de Rio-Janeiro. De bruyantes
» acclamations ne cessèrent de retentir pen-
» dant la route, et, dans le délire de leur joie,
» des hommes blancs s'attelèrent à sa voiture,
» et furent ensuite remplacés par des noirs.

» Arrivé au palais, le Roi parut au balcon
» et renouvela les promesses déjà faites par
» son fils. Le Prince royal salua le peuple de
» son épée qu'il agitait en l'air et en tourna
» plusieurs fois la pointe contre son cœur,
» comme pour indiquer la résolution de mou-
» rir plutôt que de manquer à son serment. »

Peu de temps après le Roi Jean vi mit à la voile pour le Portugal, et le 1er juillet 1821, son escadre fut signalée à Lisbonne. Le 2, il débarqua avec sa famille, et prêta le même jour, dans la salle des Cortès, le serment de garder les bases constitutionnelles décrétées le 9 mai précédent.

Le Prince royal don Pedro resta seul en Amérique avec le titre de *prince régent du Brésil* et des pouvoirs assez étendus.

Il commença par congédier tous les domestiques inutiles; cinquante seulement furent conservés pour le service du palais; les deux tiers des chevaux des écuries furent vendus, et la seconde table de la cour fut supprimée. Le prince se rendit en personne chez plusieurs employés de l'Etat et fit des réprimandes à ceux qui négligeaient leurs fonctions. Il abolit l'impôt sur le transport du sel d'une province à l'autre, et il se rendit l'objet de l'amour et de l'admiration des Brésiliens.

Cependant, tandis que les Cortès portugaises s'occupaient de discuter à Lisbonne la constitution, la révolution prenait au Brésil un nouveau cours et tendait à une entière et rapide séparation.

En s'éloignant du Brésil, le Roi Jean vi

avait prévu ce résultat, et il avait adressé au Prince royal ces paroles : « Restez ici, mon fils, car les liens qui attachent ces vastes et riches régions à la mère-patrie sont trop faibles pour durer long-temps, et si elles sont perdues pour le Portugal, il vaut mieux qu'elles deviennent le patrimoine de leur héritier légitime, que de tomber dans les mains d'une puissance étrangère, ou d'être désolées par l'anarchie. »

La famille royale avait à peine quitté le rivage américain, que deux partis se formèrent. L'un, peu nombreux, demandait la constitution des Cortès, avec un gouvernement résidant à Lisbonne ; l'autre voulait que le Roi, ou du moins un prince de sa famille, résidât toujours au Brésil, et qu'il y fût formé un gouvernement exécutif et une assemblée de Cortès.

Les bases de la constitution portugaise furent cependant jurées au Brésil, le 5 juin 1821, mais au milieu de l'effervescence populaire et de troubles graves.

Les Cortès de Lisbonne ou n'aperçurent pas le résultat nécessaire de l'état des choses et des esprits au Brésil, ou ne surent pas s'y soumettre. La popularité du Prince royal, son éducation toute brésilienne furent pour cette assemblée un sujet d'inquiétude , et comme elle avait déjà posé en principe, « qu'il était dans les attributions des Cortès de surveiller et *de rectifier* l'éducation du Prince royal et des Infans , » elle crut apporter un grand obstacle à la consommation de l'indépendance brésilienne, en décrétant, le 12 octobre 1821 , le rappel du Prince sur le continent européen , *à l'effet d'y voyager pendant quelque temps.*

Ce décret impolitique ne reçut , comme on peut le croire , aucune exécution.

Le parti brésilien croissait chaque jour en force et en énergie. On déféra au Prince royal le titre qu'il accepta , de *défenseur perpétuel du Brésil;* on refusa de reconnaître aux Cortès de Lisbonne aucun pouvoir constituant sur le Brésil , et une assemblée générale des représentans des provinces de cet empire fut demandée.

Il n'était pas encore sujet de diviser les deux couronnes; mais on discutait la question de résidence sur l'un ou l'autre continent ; on voulait non seulement une administration séparée, mais encore une représentation et des finances entièrement distinctes : prétentions auxquelles les Cortès de Lisbonne refusèrent d'acquiescer.

Pendant que la fermentation régnait au Brésil, et que la révolution portugaise suivait son cours, une conspiration antilibérale éclata simultanément à Lisbonne et à Rio-Janeiro, au mois de juin 1821. Les noms de l'infant don Miguel et de la Reine, sa mère, furent mêlés à ce complot qui fut découvert et comprimé tant à Lisbonne qu'au Brésil.

Don Pedro publia à cette occasion une proclamation dont voici quelques passages :

« Brésiliens, mes amis, votre pays a été menacé par les factions; on lui préparait des chaînes (et cela à une époque de liberté; quelle honte !). Comptez sur votre perpétuel défenseur qui ne manquera pas de tenir sa promesse, et qui, pour l'honneur et l'amour du Brésil, sacrifiera sa vie plutôt que de souffrir que le Brésil redevienne colonie, ou qu'il n'y existe un système libéral, etc... »

Le même jour, deux décrets furent rendus par le Prince pour la convocation de l'assemblée législative, et la formule du serment à prêter par les membres de cette assemblée.

Il s'empressa alors d'adresser au Roi, son père, plusieurs lettres dans lesquelles il lui faisait part des événemens. Il lui exposait les circonstances impérieuses qui l'avaient forcé à faire dans le Brésil des innovations dont le résultat devait être nécessairement l'indépendance de ce royaume, et la séparation d'avec le Portugal, séparation devenue imminente par la haine du peuple Brésilien contre les Cortès de Portugal. Il rappelait à son père les conseils qu'il en avait reçus, et justifiait la révolution brésilienne par cette remarque pleine de vérité et de justesse, « que la séparation était devenue inévitable depuis que les Brésiliens s'étaient convaincus qu'ils n'avaient aucun besoin du Portugal, et qu'au contraire ce royaume avait besoin d'eux. »

Les Cortès de Lisbonne répondirent aux lettres du Prince en déclarant nul son décret de convocation de l'assemblée générale du Brésil, en révoquant toute l'autorité qui lui avait été déléguée, et en lui ordonnant de revenir en Portugal dans quatre mois pour tout délai.

De son côté, le Roi lui adressa la lettre suivante : « Mon fils, je n'ai pas répondu à tes lettres parce qu'elles ont été retenues par les ordres des Cortès. Désormais tu recevras leurs décrets, et je t'en recommande l'exécution, ainsi que l'obéissance aux ordres que tu recevras, parce qu'alors tu acquerras l'estime des Portugais, que tu dois gouverner un jour, Il faut que tu leur donnes des preuves ardentes de ton amour pour la nation.

» Lorsque tu écriras, souviens-toi que tu es prince, que tes décrets sont examinés par le monde entier ; tu dois prendre garde, non seulement à ce que tu dis, mais encore à la manière dont tu t'exprimeras. Toute la famille royale est bien portante Il me reste à te bénir comme un père qui t'aime beaucoup.

« Signé JEAN.

» Au palais de Quéluz, le 3 août 1822. »

Dans sa réponse, sous la date du 22 septembre, le Prince royal se plaint de la contrainte dans laquelle le Roi Jean vi est retenu par les Cortès qu'il qualifie d'*horribles, machiavélistes, désorganisateurs, hideux et pestilentiels.* Il ajoute : « L'indépendance brésilienne triomphe et triomphera, ou nous périrons tous. Le Brésil pourra être asservi, mais les Brésiliens, jamais ! Non, tant que nous aurons une goutte de sang dans les veines, ils apprendront à mieux connaître le *petit garçon*, quoiqu'il n'ait pas visité les cours étrangères. »

Les Cortès ne méritaient point les épithètes que cette lettre leur prodigue. Si les membres de cette assemblée ont mal compris leur époque et leur nation, si leur constitution et leurs décrets convenaient mal à leur pays, et si leur conduite, quant au Brésil, fut impolitique, et même illibérale et contraire aux principes qu'ils proclamaient eux-mêmes, aucun excès, aucune réaction tyrannique n'eurent lieu sous leur influence, pendant la courte durée de leur empire.

Mais le Brésil portait une haine violente aux Cortès ; l'indignation du Prince était l'expression de l'indignation du peuple aux sentimens duquel il s'était associé, augmentée peut-être par le ressentiment personnel et légitime des mesures que les Cortès avaient décrétées contre lui-même, et auxquelles la lettre fait allusion.

Le 12 octobre 1822, jour anniversaire de la naissance du Prince, il fut solennellement proclamé *empereur constitutionnel du Brésil*.

« J'accepte, dit-il, le titre d'empereur constitutionnel et de défenseur perpétuel du

Brésil, d'après l'avis de mon conseil d'Etat et des procureurs-généraux, et après avoir examiné les représentations des différentes provinces qui m'ont fait voir que telle est la volonté de tous les peuples de cette colonie. »

Le lendemain, une amnistie générale fut proclamée en faveur des déserteurs, et un changement fut ordonné dans les armoiries et les couleurs nationales.

Pendant qu'aux acclamations générales, et au milieu de l'enthousiasme du peuple, don Pedro montait sur le trône du Brésil, le décret suivant était rendu à Lisbonne par son père, ou plutôt par les Cortès, sous le nom du Roi.

« Voulant manifester de toutes les manières la conformité de mes sentimens avec l'opinion générale de la nation, et devant par conséquent désapprouver la conduite du Prince royal *pour ses contraventions aux décrets des Cortès*, j'ai donné des ordres pour que l'on suspende toutes les démonstrations d'allégresse que l'on avait coutume de célébrer à l'anniversaire de la naissance dudit Prince, jusqu'à ce que, par son obéissance aux lois et aux ordres des Cortès, il se rende digne de ma royale et paternelle bonté.

> » Le Roi, JEAN VI. »

La séparation consommée, les deux royaumes marchèrent dans les voies de l'indépendance, avec une fortune bien différente.

Au Brésil, le parti portugais résista quelque temps dans la ville de Bahia et dans la province de Saint-Paul; mais il fut bientôt comprimé. L'esprit républicain dans la province de Fernambouc, les discussions armées, dont la *Banda Oriental* ou région Cisplatine fut le sujet, la guerre avec Buénos-Ayres, des collisions entre le monarque et le corps représentatif, et des agitations intestines, conséquences inévitables de l'établissement d'un régime largement libéral, et d'un changement d'institutions si brusque et si complet, n'empêchèrent pas l'empire brésilien de se consolider et de marcher à grands pas vers une haute prospérité, sous l'administration de son jeune empereur populaire qui ne démentit point ses promesses.

Mais, pendant que la révolution se consolidait au Brésil, elle expirait en Portugal.

Les constitutions espagnole, napolitaine,

piémontaise et portugaise avaient été mises au ban de la Sainte-Alliance, et, après une existence éphémère, vinrent toutes se briser contre les baïonnettes du pouvoir absolu, les résistances de l'aristocratie, l'ignorance et la superstition des peuples. Le 27 mai 1823, la contre-révolution, dont le comte d'Amarante avait levé le premier l'étendard en Portugal, éclata aux portes mêmes de Lisbonne, et, peu de jours après, il n'y avait plus de Cortès portugaises.

Mais là, du moins, le succès n'enfanta pas, comme à Naples et en Espagne, d'horribles cruautés. Le bon vieux Roi Jean VI ne montra, dans tout le cours de sa vie, que d'excellentes intentions dont il serait difficile de contester la sincérité. Il avait suivi docilement, avec les Cortès, le torrent démocratique : rétabli dans l'exercice de la puissance absolue, s'il ne gouverna pas d'une manière libérale, s'il ne donna qu'un vain fantôme de représentation, après avoir promis une constitution conforme aux besoins de la nation et en harmonie avec les autres constitutions de l'Europe, il éloigna du moins les violences réactionnaires ; il eut la sagesse de se conformer à un fait accompli, en reconnaissant formellement l'indépendance du Brésil, par un traité du 29 août 1825, conclu sous les auspices de l'Angleterre et par les soins de sir Charles Stuart. Il accorda sa confiance et sa faveur à des hommes sages et éclairés, que nous voyons pour la plupart aujourd'hui, tels que le marquis de Palmella et le comte de Villa-Flor, servir avec fidélité et dévouement lacause de la jeune Reine de Portugal.

Mais cette administration modérée irritait les partisans des mesures violentes, à la tête desquels figuraient, comme chef, l'Infant don Miguel, et, comme directrice, la Reine-Mère, femme du caractère le plus fier et le plus absolu, et en qui le sang Bourbon ne s'est pas démenti.

Le 30 avril 1824, la tentative la plus hardie et la plus inattendue montra toute l'audace et les desseins de ce parti : on vit, dès le matin, toutes les troupes de Lisbonne sortir de leurs casernes, se rassembler en armes sur les places publiques, et l'infant don Miguel se mettre à leur tête. Il fit cerner les avenues du palais du Roi son père, et l'y retint quelque temps captif ; par ses ordres, plusieurs fonctionnaires, les ministres, même, furent incarcérés.

Ce complot échoua, cependant, autant,

peut-être, par l'indécision et le manque de courage de don Miguel, que par la conduite ferme et digne d'éloges de l'ambassadeur de France et du corps diplomatique.

Pour toute punition, le Roi éloigna du Portugal, et fit voyager en Europe, sous le nom de duc de Béja, ce fils rebelle, qui préludait ainsi dans une carrière qu'il lui a été donné de parcourir plus tard avec une odieuse renommée et le plus déplorable succès.

Le Roi Jean VI mourut au commencement de l'année de 1826. Tous les yeux se portèrent sur l'Empereur don Pedro, héritier de son trône; mais qui ne pouvait s'y asseoir qu'en déposant la couronne brésilienne. Il aima mieux abdiquer, le 2 mai 1826, celle de Portugal en faveur de sa fille aînée Maria da Gloria, princesse du Grand-Para, née le 14 avril 1819; mais, en même temps, il voulut doter d'une constitution sa première patrie. Plus libéral que ses sujets, il consacra, dans cette constitution, la liberté religieuse, tandis que les constitutions espagnole et brésilienne, celle des Cortès de Portugal, et même les constitutions républicaines de l'Amérique espagnole n'ont reconnu exclusivement que le culte catholique.

Malheureusement, ce fut à don Miguel que l'Empereur du Brésil confia le dépôt des droits de sa fille et de ceux qu'il venait d'accorder au peuple Portugais. L'infidèle et parjure dépositaire n'a pas plus respecté les uns que les autres. Déclaré lieutenant et régent du royaume de Portugal et des Algarves, et fiancé à la jeune Reine sa nièce, il a usurpé son trône pour le souiller de tous les excès d'une affreuse tyrannie; et, comme s'il fallait renoncer à toute idée de justice distributive dans les grands événemens de ce monde, tandis que don Miguel reste assis sur ce trône où il insulte à l'humanité, le monarque vertueux, le souverain franchement constitutionnel, don Pedro, est précipité du sien par le peuple même qui l'y avait placé.

Jusqu'ici les détails parvenus en Europe sur cette révolution lointaine, qui fait descendre dans la vie privée l'héritier de deux riches couronnes, ajoutent un nouveau titre à la renommée de don Pedro, et témoignent de sa grandeur d'âme et de sa philosophie.

Ces détails, pleins d'intérêt, sont consignés dans un article du *Messager des Chambres*, que nous transcrivons ici :

« Depuis long-temps des défiances et des

inimitiés existaient entre les Portugais, devenus Brésiliens par adoption, et les Brésiliens d'origine. L'agitation commençait à se faire ressentir dans la capitale, des affiliations s'étaient formées, et avaient pour chefs principaux le général Braut, marquis de Barbacena, le marquis de Caravelhos, Luna, etc.

» Déjà on parlait hautement d'une fédération de provinces dans le genre de celle des Etats-Unis.

» La province de Minas, sous l'influence du député Vasconcellas, se faisait remarquer par une grande fermentation. L'empereur résolut de la parcourir, afin de calmer les esprits par sa présence, et, dans ce but, il partit de Rio le 29 décembre 1830, accompagné de l'Impératrice. Leurs Majestés furent accueillies avec enthousiasme dans toutes les villes par où elles passèrent.

» L'Empereur profita de son séjour à Minas pour adresser une proclamation aux Brésiliens, et principalement aux troupes et aux habitans de la province. Il disait à ces derniers qu'il comptait sur leur fidélité pour l'aider à repousser toute fédération qui, en détruisant les bases de la constitution que tous

avaient juré de maintenir, était nécessairement contraire aux intérêts du pays.

» Cependant plusieurs journaux de la capitale se répandaient en invectives les plus gros-
sières contre le gouvernement et contre l'Empereur lui-même. Un des rédacteurs fut mis
en jugement et acquitté. Dès lors les clubistes
et les agitateurs devinrent plus audacieux que
jamais et troublèrent la tranquillité de la capitale. L'Empereur, prévenu de ces mouve-
mens, hâta son retour et arriva au château
le 11 mars.

» Le 12, des feux de joie et de brillantes
illuminations eurent lieu dans les quartiers
habités par les Portugais. Les conspirateurs,
déconcertés par le prompt retour de Sa Majesté qui venait de se déclarer ouvertement
opposée à la fédération ; et ne comptant pas
assez sur leurs forces, restèrent immobiles ;
mais, le 13, ils soudoyèrent des gens du
peuple qui, ayant essayé d'éteindre les illuminations, furent repoussés à coups de bâ-
tons par les jeunes gens des maisons de com-
merce, un grand désordre s'en suivit, plusieurs personnes furent blessées, et quelques
unes périrent.

» Le lendemain, 14 mars, l'Empereur fit

son entrée dans la capitale ; ce fut une fête brillante, une marche triomphale. Le peuple paraissait heureux de revoir Leurs Majestés.

» On s'était plaint du ministère ; le 17 mars, l'Empereur en forma un autre, composé de MM. le vicomte de Joaënna, à l'intérieur ; le général Jozé-Manoel de Maraes, à la guerre ; le général Joze-Manoel de Almeida, à la marine ; Manoel-Joze de Louza Franca, ex-député, à l'instruction publique ; Francisco de Paula Cavalcanti, aux finances ; Francisco Carneiro Decampos, aux relations extérieures : tous Brésiliens nés et parmi lesquels se trouvaient plusieurs conspirateurs.

» Le 25, anniversaire du serment prêté à la constitution ; il y eut gala après la parade, qui eut lieu dans l'après-midi. L'Empereur se rendit avec sa cour et sa garde d'honneur dans une église où les chefs des mécontens faisaient chanter un *Te Deum*, sans l'en avoir informé. Il y fut accueilli par une sorte d'enthousiasme. On lui présenta le mot de ralliement, une feuille de *crotum variegatum ;* il la mit à son chapeau. Tout rentra dans l'ordre, et la réconciliation semblait être parfaite.

» Le 30 mars, des rassemblemens d'hommes du peuple se formèrent près de la caserne de l'artillerie. Ils venaient, disaient-ils, se mettre sous la protection de la troupe ; mais ce mouvement eut peu de suites.

» Le lundi de Pâques, 4 avril, jour anniversaire de la Reine de Portugal, il y eut gala, baise-main et fête à la cour ; mais le soir, des troubles sérieux éclatèrent. Deux frères, l'un brigadier, et l'autre aide-de camp de l'Empereur, au lieu de les apaiser, paraissent les avoir excités. En tout, Sa Majesté était trompée et désobéie par ses ministres.

» Le 5 avril, l'Empereur alla voir débarquer le bataillon venant de Sainte-Catherine, et là il fut témoin des démarches que les agitateurs faisaient pour égarer la fidélité des troupes.

» Le 5 avril au soir, l'Empereur se décida à changer ses ministres, et composa son conseil de la manière suivante :

» Le marquis de Inhambape, sénateur, à l'intérieur ; le comte de Lagos, sénateur, à la guerre ; le marquis de Paragragua, sénateur, à la marine ; le vicomte d'Alcantara, sénateur, à l'instruction ; le marquis de Beapendy, sénateur, aux finances ; le marquis d'Avacati, aux relations extérieures.

» Le 6 avril, à deux heures après midi,

une vingtaine de députés se réunirent devant la Mairie à des gens du peuple, portant en général des chapeaux de paille entourés d'un ruban vert. Ils haranguèrent la multitude, et l'excitèrent au tumulte et à la sédition.

» Bientôt trois juges de paix se présentèrent au palais. Introduits dans la salle du Trône, ils déclarèrent que le peuple demandait le renvoi des ministres actuels, et le rappel du précédent ministère.

» L'Empereur répondit que, quant aux ministres actuels, il verrait ce qu'il aurait à faire ; mais qu'il ne reprendrait pas ceux qu'on voulait lui imposer ; que ce serait renverser l'ordre établi par la constitution, et qu'il n'y consentirait jamais ; qu'il ferait tout pour le peuple, mais rien par le peuple. Les trois envoyés retournèrent porter cette réponse au camp Sainte-Anne, où se réunirent, à neuf heures du soir, deux bataillons d'artillerie de position, et le bataillon d'infanterie n° 3, et le bataillon de grenadiers.

» Bientôt après vinrent le 14ᵉ bataillon qui était de garde en ville ; celui de l'Empereur, de service auprès de Sa Majesté, au château de Saint-Christophe. Le bataillon d'artillerie à cheval, ayant exprimé le désir d'aller rejoindre les autres troupes, fut renvoyé par l'Empereur lui-même. Tous s'étaient rangés sous les ordres du commandant militaire, le brigadier Francisco Lima.

» A la nuit, des feux furent allumés, et le nombre des révoltés se grossit considérablement. On avait ouvert ou enfoncé les portes des arsenaux, et le peuple était armé de fusils et de pistolets.

» A onze heures, le major et quelques soldats de la garde d'honneur, ainsi que le bataillon de l'Empereur, commandé par le jeune Lima, partirent pour le camp Sainte-Anne.

» A onze heures, les ministres de France et d'Angleterre furent appelés au château, et y restèrent jusqu'à l'abdication. Le brigadier Lima vint d'abord au château, et expédia ensuite plusieurs officiers d'ordonnance à l'Empereur, pour l'engager à céder aux exigences du peuple. Sa Majesté persista dans son refus.

» Le 7, à deux heures du matin, le major Frias, frère du général Paula, arriva au château. Il n'y restait plus alors qu'une partie des gardes d'honneur.

» Ce jeune officier était chargé par Lima

d'inviter de nouveau l'Empereur à accepter le ministère qui lui était demandé par le peuple.

» A trois heures et demie, malgré les représentations des ministres étrangers et les supplications des personnes qui lui étaient restées fidèles, l'Empereur remit à M. Frias l'acte d'abdication et lui dit : « Voilà la réponse qu'il convient à l'honneur de donner : j'ai abdiqué. Je pars : soyez heureux dans votre patrie. »

» A sept heures, l'Empereur, et l'Impératrice et la Reine dona Maria se rendirent à bord du vaisseau anglais *le Warspite.*

» Le 8, un conseil de régence provisoire, composé de trois membres, fut nommé par les sénateurs et les députés qui se trouvaient alors à Rio.

» Ce sont MM. Caravelhas, président ; Vergnero, le brigadier Lima ; Joseph Boniface fut invité par l'Empereur à prendre la tutelle du prince et des princesses.

» Le 9 avril, *Pierre II* * fut porté à l'église en triomphe, et reconnu Empereur.

* Pierre-d'Alcantara-Jean-Charles-Léopold-Salvador-Bibiano-Francisco-Xavier-da-Paula-Miguel-Leocado-Gabriel-Gonzagua, Prince impérial, issu du premier mariage de don Pedro. Il n'a pas encore six ans.

» Le baise-main fut supprimé.

» Le 12, l'Empereur et l'Impératrice quittèrent *le Warspite*, pour passer à bord de la corvette anglaise *la Volage*. La Reine du Portugal passa sur la frégate française *la Seine*, et les deux bâtimens firent voile pour France, le 13.

» Le ministre de la marine vint à bord du *Warspite*, offrir un transport brésilien à Sa Majesté qui le refusa. Enfin le même ministre offrit une corvette brésilienne pour servir d'escorte à Sa Majesté et l'accompagner jusqu'à la ligne; mais dès le second jour du voyage, la corvette ne se montra plus. »

L'intention de l'Empereur don Pedro paraît être de se fixer en France; on annonce même qu'on lui prépare le château de Saint-Germain, où Jacques Stuart, monarque détrôné, mais à tous autres rapports si différent de don Pedro, vint, à la fin de l'avant-dernier siècle, chercher également un asile, tenir une triste cour, et nourrir d'inutiles regrets et de vaines espérances.

P. S. D'après des nouvelles plus récentes, l'Empereur don Pedro paraît avoir renoncé,

au moins pour le moment, au projet de res-
ter en France, et il se rend en Angleterre.
On indique deux motifs à cette détermination : des mesures à prendre à Londres pour
les intérêts de sa fille, la Reine dona Maria,
et l'accueil peu empressé qu'il aurait reçu de
notre gouvernement. Le nom, si justement
populaire en France, que porte la jeune
épouse de l'Empereur don Pedro, aurait-il
donc été un sujet d'alarmes? Cette supposition
n'est pas sans vraisemblance, surtout après
ce qu'on a vu lors de la candidature du
Prince son frère, au trône de la Belgique.

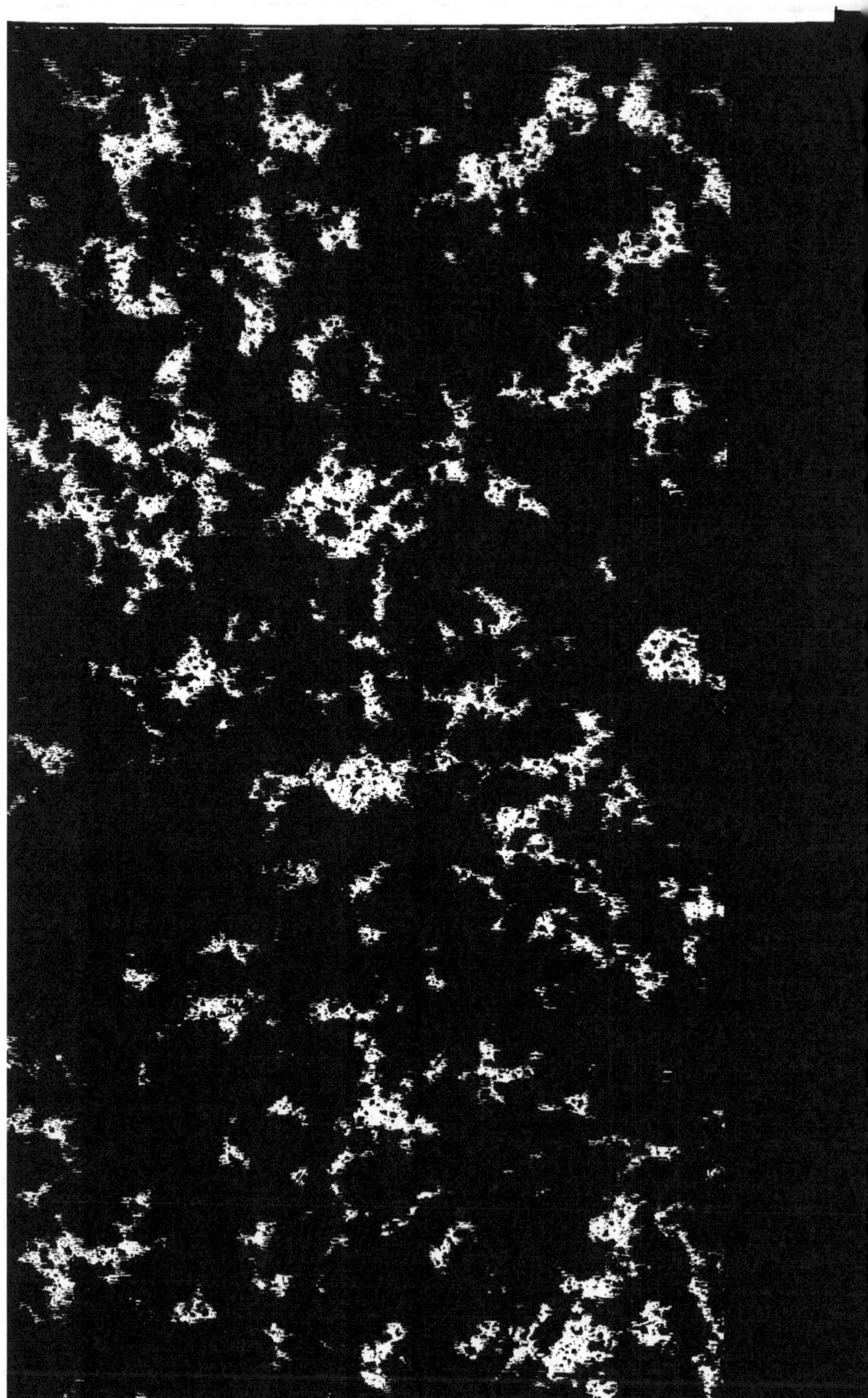